Grain-d'Aile

Loi n° 49-956 du 16 juillet 1949
sur les publications destinées à la jeunesse : mai 1997.

© 1951, éditions Raison d'être pour le texte.
© 1977, éditions G.P.
©1997, éditions Pocket pour les illustrations et la présente édition.

ISBN : 2-266-07559-4

Dépôt légal : mai 1997
Imprimé en France
par Pollina, 85400 Luçon - n° 71841

Paul Eluard

Grain-d'Aile

Images de Jacqueline Duhème

À l'orée d'une coudraie, Grain-d'Aile
cueillait des noisettes quand, au détour
du sentier, elle vit surgir deux êtres
fabuleusement beaux : l'oiseau-lyre
et l'oiseau bleu. Dansant de plaisir,
l'aérienne enfant vers les oiseaux
de rêve s'élança. L'oiseau-lyre charmé
s'adressant alors à l'oiseau bleu lui dit :
« Chère Line, vous, la gracieuse,
bonne et belle, que vous semble
de cette sylphide bondissante
et malicieuse ? »
Puis, se tournant vers Grain-d'Aile :
« Je me nomme Paul et toi,
si la mésange en passant m'a dit vrai,
tu t'appelles Grain-d'Aile. Allons
un peu de compagnie nous deviserons
en chemin. Tu es si gaie, si charmante
que, pour toutes les petites filles,
dès demain, j'écrirai un conte
que Line, ici présente, illustrera
de jolis dessins où l'on te verra,
mutine Grain-d'Aile, babiller avec
les fauvettes et bondir avec l'écureuil. »

Ce qui fut dit fut fait et l'histoire
de Grain-d'Aile, contée par Paul et
Line, courut le vaste monde des jeux
et des ris enfantins. Mais la neige
et le soleil, la pluie et le vent, au gré
des saisons, se succèdent si vite
qu'aujourd'hui l'oiseau bleu a repris
ses pinceaux de lumière afin d'orner
d'images toutes neuves l'histoire
naguère écrite par l'oiseau-lyre.

Lucien Scheler
pour Line

« Rends ton cœur enfantin. »

Il était une fois une petite fille très
gentille, *presque plus gentille que toi,*
et si légère, si légère que,
lorsqu'elle naquit, sa maman
s'étonna de ne pas la sentir peser
dans ses bras.
Aussi l'appela-t-elle d'un nom léger :
Grain-d'Aile.

Grain-d'Aile poussa si bien qu'elle devint la plus jolie de toutes les petites filles. Et, dans le pays, l'on disait : « Légère et jolie comme Grain-d'Aile. »
*Comme je dis partout
que tu es légère et jolie.*

Grain-d'Aile courait très vite,
plus vite que les grands garçons.
Et, en sautant, elle cueillait
toutes les plus hautes noisettes
des noisetiers, toutes les plus hautes
pommes des pommiers et même
   les cerises du grand cerisier
     qu'on laissait d'habitude
    aux oiseaux.

Elle se posait sur les plus
fines branches sans les casser,
comme un oiseau.
Et elle ne faisait pas peur aux oiseaux.
Elle pouvait les regarder dans les yeux;
comme moi, je te regarde.
Elle pouvait les écouter de tout près
raconter leurs histoires d'oiseaux.
Si elle avait osé,
elle aurait pu les caresser.

Quand elle se laissait retomber dans
l'herbe, elle avait pitié des sauterelles,
des pauvres sauterelles, vertes et
maladroites comme des grenouilles,
et qui se donnaient tant de mal.
Mais ce qu'elle aimait le plus,
c'était les papillons.
Elle en était jalouse,
quand elle les voyait zigzaguer,
heureux comme des poissons
dans l'eau.

Grain-d'Aile savait bien
qu'elle ne pouvait pas voler,
puisqu'elle n'avait pas d'ailes.
Elle était simplement légère,
presque comme une feuille,
presque comme une paille,
presque comme les graines à ailettes
des pissenlits, les chandelles
que le vent doux porte très loin.

*Attention au vent, Grain-d'Aile,
il pourrait t'emporter.
Sois bien sage,
le vent pourrait t'emmener
là où tu ne veux pas aller.*

La nuit, Grain-d'Aile rêvait qu'elle volait par-dessus sa maison et tournait autour du clocher de la ville ; qu'elle traversait la rivière au-dessus d'une foule de baigneurs et de bateaux blancs.

Et quelquefois, elle arrachait en cachette des plumes à son gros édredon rouge pour les souffler par la fenêtre et les voir monter dans le ciel du matin.

Les contes qu'elle préférait étaient ceux
où l'on voit des enfants voyager
sur les ailes d'un aigle, d'une cigogne,
d'un diable, ou sur un tapis volant.
Et elle admirait beaucoup son ami
Pierre qui était monté une fois en avion.

À quatre heures, quand elle rentrait
de l'école, vite elle prenait son goûter
et, encore plus vite, elle montait
au sommet du sapin, devant la maison.
Trois branches lui faisaient un fauteuil
à sa taille. Et, jusqu'à ce que le soleil
se couche et que sa maman inquiète
l'appelle, elle restait à bavarder
avec ses amis les oiseaux.

*Ce n'est pas plus difficile de parler
avec les oiseaux qu'avec n'importe qui
sur terre :
Tu parles, l'oiseau fait celui
qui a compris, il te répond
et tu fais celle qui a compris ;
et tu réponds à ton tour.
Le tout est de s'entendre parler,
de bien savoir ce que l'on dit.*

Si je te demande :
« Veux-tu un gâteau ? »,
tu fais aussi celle qui a compris
et je te donne le gâteau.
Si je te menace d'une fessée,
tu fais celle qui a compris...
et je ne te donne pas la fessée.
C'est ainsi, d'ailleurs que tu bavardes
avec ta poupée, avec ton ours,
avec ton chien.

Quand Grain-d'Aile rentrait
à la maison, ses frères étaient très
étonnés de l'entendre répéter
en chantant ce que disaient les oiseaux,

toutes ces aventures où se mêlaient
les ailes, le matin, le ciel et la peur
de l'orage et la peur des avions,
toutes ces affaires de famille
qui tournaient autour des nids.
Grain-d'Aile n'arrêtait pas de chanter
et, quand elle chantait, elle se secouait
comme si elle avait été vêtue
de plumes.

Ses parents étaient ravis d'avoir
une petite fille si gaie, et
ils s'habituèrent au fait qu'elle n'était
pas comme les autres,
qu'elle ne vivait pas autant qu'eux
sur la terre.

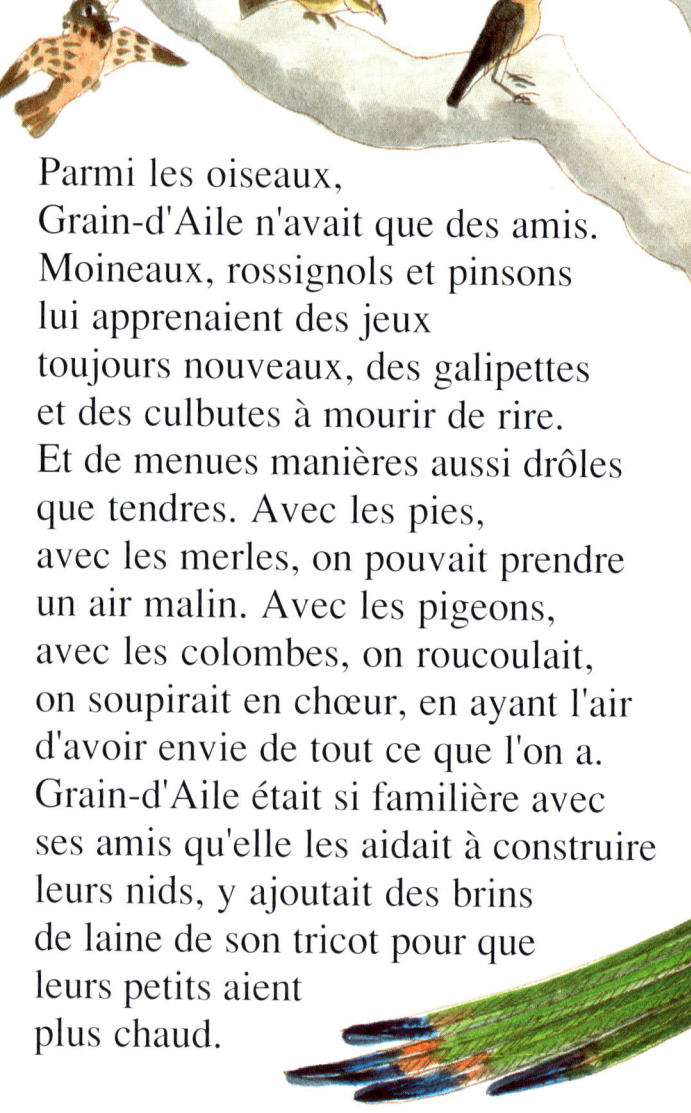

Parmi les oiseaux,
Grain-d'Aile n'avait que des amis.
Moineaux, rossignols et pinsons
lui apprenaient des jeux
toujours nouveaux, des galipettes
et des culbutes à mourir de rire.
Et de menues manières aussi drôles
que tendres. Avec les pies,
avec les merles, on pouvait prendre
un air malin. Avec les pigeons,
avec les colombes, on roucoulait,
on soupirait en chœur, en ayant l'air
d'avoir envie de tout ce que l'on a.
Grain-d'Aile était si familière avec
ses amis qu'elle les aidait à construire
leurs nids, y ajoutait des brins
de laine de son tricot pour que
leurs petits aient
plus chaud.

C'était pour elle un grand événement
lorsque les œufs roses, verts
ou jaunes, de vrais œufs de Pâques,
devenaient des bébés-oiseaux.
Grain-d'Aile les aimait autant
que ses poupées.
Ils étaient comme elle, ils n'avaient
pas de plumes, et si peu d'ailes,
ces petits enfanchonnés, ouvrant
un bec grand comme un four.

Et ils étaient si bêtas,
quand ils hésitaient à voler ! Bêtas,
mais moins bêtas, pourtant,
que Grain-d'Aile qui, elle, ne saurait
jamais voler - car il lui manquait
des ailes.

Le matin, Grain-d'Aile avait beau
tordre son cou pour voir son dos
dans la glace, jamais ses os pointus,
que sa maman appelait ses omoplates,
ne se décidaient à pousser.
Elle était une petite fille et non
un petit oiseau (sauf pour sa mère).
Grain-d'Aile aurait tant voulu suivre
ses amis ailés ! Elle se disait qu'elle ne
grandirait jamais. Grandir, pour elle,
c'était avoir des ailes.

*Toi, vois-tu, tu grandis tellement
dans mon cœur que je crois
que tu es plus grande que moi.
Pourtant, tu ne sais pas voler.
Mais tu sais être là,
tout à côté de moi.*

Un beau jeudi que Grain-d'Aile
était installée dans son sapin,
elle se prit à pleurer. Tous les oiseaux
volaient, pépiaient à travers
la campagne, sans trop se soucier
d'elle, car il faisait si clair que le soleil
lui-même semblait avoir des ailes.
Elle était seule,

*comme tu n'es jamais seule,
ô toi que l'on chérit et
qui rend à chacun la monnaie
de sa gentillesse.*

Grain-d'Aile pleurait, pleurait...
Soudain, elle sentit sur ses joues
une petite langue râpeuse et une petite
patte soyeuse essuyer ses larmes.
Levant les yeux, elle vit,
tout contre elle, le plus étonnant
écureuil qui soit.
Son pelage brillait comme le feu,
sa queue était ébouriffante et ses yeux
vifs parlaient plus vite qu'aucune
bouche bavarde : « Veux-tu vraiment
voler, voler comme les oiseaux,
comme la pie et comme la mésange,
comme le rouge-gorge et comme
le merle bleu ? Veux-tu suivre
les nuages, ton caprice, tes désirs ?
Veux-tu avoir des ailes ? Mais
tu n'auras plus de bras ; tu ne seras plus
une vraie fille d'en bas.
Ne le regretteras-tu pas ?
— Oh non !

— Non, dit Grain-d'Aile.
Oh ! Monsieur l'Ecureuil,
donnez-moi des ailes !
— Bien, dit l'écureuil ; mais si tu le
regrettes, viens me trouver demain,
au coucher du soleil ; il sera
encore temps pour que tu redeviennes
comme avant. »
Alors, l'écureuil, entre ses paupières
battantes, dit des mots très doux,
très savants. Grain-d'Aile sentit
de longs chatouillements
dans ses bras : ils se recouvraient
d'un fin duvet blanc, puis des plumes
blanches apparurent :

Grain-d'Aile avait des ailes !
Folle de joie, elle s'élança du sapin,
descendit au ras de l'herbe,
rebondit jusqu'au toit de sa maison
et partit comme une flèche
vers la forêt voisine. D'arbre en arbre,
elle saluait ses amis en chantant
et tous la suivaient, encore plus
contents qu'elle.

Ivre de vitesse, Grain-d'Aile alla
si loin que la nuit la surprit bientôt
et qu'elle s'endormit, sans même voir
les étoiles, la tête entre ses ailes,
au plus haut d'un gros chêne.
Heureusement, un vieux hibou
très sérieux avait été chargé
de veiller sur elle.

Grain-d'Aile fut réveillée par
le tapage joyeux de tous les oiseaux
qui saluaient le soleil levant. C'était
la première fois que Grain-d'Aile se
réveillait en plein air et cela lui parut
merveilleux. Puis, elle s'aperçut
qu'elle mourait de faim et se demanda
avec inquiétude si l'heure de l'école
n'était pas passée.

Ses amis prenaient leur petit déjeuner
de graines et de petits vers.
Grain-d'Aile pensa au café au lait
et aux tartines beurrées !
Mais qu'elle était sotte : en deux
coups d'ailes, elle serait à la maison.
Elle monta très haut, pour voir
sa maison, et fonça, par la fenêtre
ouverte, dans la cuisine où la famille
était attablée.

Tout le monde fut rassuré
de la voir revenir, mais surpris
de son nouvel aspect. Grain-d'Aile
se précipita au cou de sa mère. Hélas !
Ses ailes ne savaient pas étreindre !
Et, quand il s'agit de manger, il fallut
lui donner la becquée, comme
à un bébé ! Ses frères, qui avaient
d'abord tant admiré ses ailes,
commencèrent à se moquer d'elle.
Et pour porter son cartable !...
Et à l'école pour écrire !...

Bien sûr, elle eut sa revanche,
à la sortie : tandis que les autres
marchaient sur le chemin,
Grain-d'Aile passait au-dessus de leur
tête, partait à tire-d'aile bien loin
devant eux, montait jusqu'à ce qu'ils
lui paraissent gros comme
des fourmis, puis piquait sur le petit
groupe un peu effrayé.

Comme ils étaient drôles, ainsi
vus d'en haut, tassés sur eux-mêmes,
le nez en l'air !

Mais pourquoi le petit Pierre faisait-il
semblant de ne pas s'intéresser
à ses évolutions, songea Grain-d'Aile,
lorsque, un peu dégrisée,
elle se retrouva dans sa chambre ?
Pierre... Est-ce que vraiment elle
ne pourrait plus courir dans les prés
avec lui, la main dans la main,
à chercher des champignons ou
à cueillir des boutons d'or ?

Puis Grain-d'Aile pensa à sa poupée
qu'elle avait bien négligée.
Comment l'habiller, la changer ?
Comme c'est peu pratique des ailes,
quand il ne s'agit pas de voler !
Grain-d'Aile, assise dans son petit
fauteuil (à quoi lui servaient les bras
du fauteuil, maintenant ?),
se mit à réfléchir profondément.

Elle comprenait l'avertissement
de l'écureuil doré.
Elle regrettait ses bras, elle voulait
redevenir une vraie petite fille.
Il n'y avait pas un instant à perdre :
le dernier rayon du soleil glissait
derrière l'horizon.

Folle d'angoisse, Grain-d'Aile vola
pour la dernière fois jusqu'au sapin :
l'écureuil était fidèle au rendez-vous
et il eut le bon goût de ne pas poser
de questions – le visage de
Grain-d'Aile disait assez ce qu'elle
voulait – et de ne pas triompher
en disant : « Je te l'avais bien dit »,
comme font si souvent
les grandes personnes.

De nouveau, ses yeux étincelants
prononcèrent les paroles magiques...
Et voilà notre Grain-d'Aile aussi
joyeuse de retrouver ses bras,
ses mains agiles, qu'elle l'avait été,
la veille, d'avoir des ailes.
Lentement, Grain-d'Aile descendit,

de branche en branche, sur la terre,
avec les autres, tous les autres, ceux
qui sont légers et ceux qui le sont
moins, ceux qui marchent en regardant
les cailloux du chemin, et ceux
qui regardent le ciel, ceux qui savent
que les petites filles ne peuvent voler

et ceux qui pensent qu'un jour,
s'ils le désirent vraiment, tous
les petits garçons et toutes les petites
filles pourront, en restant eux-mêmes,
avoir des ailes et des bras,
être à la fois sur la terre et au ciel.

Je t'ai, ce soir,
conté l'histoire que tu attends,
celle qui me fait le cœur meilleur,
celle qui te fait les yeux confiants.

*À découvrir
dans la même collection :*

La soupière et la cuillère
Michael Ende

Thé de sorcière et gâteau de roi
Bärbel Haas

Sophie fait des histoires
Peter Härtling

**C'est à cause de Grand-Père
Seuls dans la neige**
Shirley Isherwood

Le lapin de pain d'épice
Randall Jarrell

N'embrassez pas les grenouilles
Robert Leeson

Annie dans la valise
Pierre Louki

Souris par-ci, souris par-là
Pat Moon

Bravo, Tristan !
Marie-Aude Murail

**Fiston et Gros-Papa
Fiston marie Gros-Papa**
Gérard Pussey

Personne ne m'aime
Susan Shreve